Bibliografische Information der Deutschen Nationalbibliothek:

Die Deutsche Bibliothek verzeichnet diese Publikation in der Deutschen National-
bibliografie; detaillierte bibliografische Daten sind im Internet über http://dnb.d-
nb.de/ abrufbar.

Impressum:

Copyright © 2008 GRIN Verlag, Open Publishing GmbH
Druck und Bindung: Books on Demand GmbH, Norderstedt Germany
ISBN: 9783640561889

Dieses Buch bei GRIN:

http://www.grin.com/de/e-book/145464/integration-der-balanced-scorecard-in-bi-
applikationen

Thorben Plaumann

Integration der Balanced Scorecard in BI-Applikationen

GRIN Verlag

Universität Hamburg

Diplomarbeit

Integration der Balanced Scorecard in BI-Applikationen

von Thorben Plaumann

Abgabe: 10. April 2008

Inhaltsverzeichnis

Abkürzungen

BI   = Business Intelligence

BSC   = Balanced Scorecard

DW   = Data Warehouse

EIS   = Executive Information System

M-OLAP   = Multidimensional-Online-Analytical-Processing

MIS   = Management Information Systems

MUS   = Managementunterstützungssystem

MSS   = Management Support System

OLAP   = Online-Analytical-Processing

R-OLAP   = Relationales-Online-Analytical-Processing

Abbildungen

1 Einleitung

1.1 Problemstellung und Zielsetzung

Bereits seit den 80er Jahren des 20. Jahrhunderts steigt die Dynamik und die Tragweite der weltweiten Öffnung von Güter-, Arbeits- und Informationsmärkten erheblich.[1] Die daraus resultierende hohe Komplexität der Wirtschaft führt zu massiven Veränderungen des Marktumfeldes sowie der internen und externen Rahmenbedingungen. Dies erfordert von Unternehmen den systematischen Aufbau erfolgsrelevanter Fähigkeiten und eine schnelle und gezielte Anpassung an Veränderungen, um weiterhin konkurrenzfähig zu bleiben. Die dadurch rapide steigenden Anforderungen an den Produktionsfaktor Information und die extreme Ausweitung der Datenbasis haben eine immer höher werdende Erwartung an die Transparenz und Fundierung von Entscheidungen zur Folge.[2,3,4] Kurzfristiges, situationsbedingtes Reagieren auf Veränderungen im Unternehmensumfeld, welches nicht in eine langfristig ausgerichtete strategische Planung eingebunden ist, scheint nicht geeignet, die Wettbewerbsfähigkeit eines Unternehmens dauerhaft zu sichern. Gleichzeitig bereitet die Übersetzung vager strategischer Aussagen des Managements in konkrete, messbare Zielformulierungen und Maßnahmen vielen Unternehmen große Probleme. Deshalb sollten Ziele und Strategien zur nachhaltigen Steigerung des Unternehmenswertes identifiziert und operationalisiert sowie geeignete Führungsinstrumente gefunden werden, damit diese anschließend erfolgreich im operativen Tagesgeschäft umgesetzt werden können. Systeme zur Managementunterstützung, die nur isoliert oder punktuell Lösungsansätze darstellen, können diesen Anforderungen, da sie nur einzelne Aspekte behandeln, nicht ausreichend gerecht werden.[5,6,7]

Das in dieser Arbeit verwendete ganzheitliche Tool der Balanced Scorecard (BSC) dient dazu, strategische Vorgaben der Unternehmensführung in praktisches, messbares Handeln zu überführen. Es bedient sich dabei mehrerer

---

[1] Vgl.: H.-G. Kemper, W. Mehanna, C. Unger: Business Intelligence, S. 5.
[2] Vgl.: P. Chamoni, P. Gluchowski: Analytische Informationssysteme, S. 4.
[3] Vgl.: M. Grothe, P. Gentsch: Business Intelligence, S 10.
[4] Vgl.: B. Morganski: Balanced Scorecard. Auf dem Weg zum Klassiker, S. 1.
[5] Vgl.: Horváth & Partners: Balanced Scorecard umsetzen, S. 15.
[6] Vgl.: M. Grothe, P. Gentsch: Business Intelligence, S 10.
[7] Vgl.: B. Morganski: Balanced Scorecard. Auf dem Weg zum Klassiker, S. 1f

Perspektiven, welche durch ein ausbalanciertes gleichberechtigtes Verhältnis zueinander eine ausgeglichene Steuerung der Organisation gewährleisten sollen.[8,9] Um die kontinuierliche und nachhaltige Anwendung des Konzeptes sicherzustellen und die BSC dauerhaft in ein Unternehmen zu verankern, ist, wie die betriebliche Praxis zeigt, die Einbindung der BSC in das informationstechnisch gestützte Management- und Steuerungssystem notwendig.[10]

Ob es mit Hilfe einer BI-Applikation realisierbar ist, das Tool der BSC in das operative und strategische Controlling zu integrieren und so den kontinuierlichen Einsatz dieses zu gewährleisten. Welche Phasen die BSC bei einer Implementierung in ein Unternehmen durchläuft und worauf im Hinblick auf einer Integration in eine BI-Applikation zu achten ist, an welcher Stelle Probleme auftreten können sowie die Vor- und Nachteile bei der Nutzung einer in eine BI-Applikation integrierte BSC. Wie die bei der Umsetzung häufig auftretende, von Kaplan und Norton als „Lücke bei den Messwerten"[11] beschriebenen fehlenden Daten anhand eines informationstechnisch gestützten Management- und Steuerungssystem geschlossen werden kann und so die Integration der BSC in eine BI-Applikation möglich ist untersucht die vorliegende Arbeit.

1.2 Aufbau der Arbeit

Zu Beginn der Arbeit wird, um die Verbreitung und erfolgreiche Anwendung der BSC in der Unternehmenspraxis zu prüfen, das Konzept anhand von empirischen Erhebungen untersucht. Darauf folgt die Beschreibung in fünf Kernpunkte aufgeteilten Einführungsgründe der BSC von Unternehmen, anhand derer die Wirkungsweisen und Absichten der BSC erläutert werden. Anschließend werden zur Vertiefung der Thematik die vier am häufigsten verwendeten Perspektiven der BSC mit beispielhaften strategischen Zielen dargestellt, da diese im Zuge der Integration in eine BI-Applikation bedeutend sind. Das darauf folgende Kapitel 2.5 beschreibt die verschiedenen Implementierungsphasen, die bei der Einführung des BSC-Konzeptes entstehen, und weist auf mögliche Schwerpunkte so-

[8] Vgl.: P. Chamoni, P. Gluchowski: Analytische Informationssysteme, S. 36f
[9] Vgl.: H.-G. Kemper, W. Mehanna, C. Unger: Business Intelligence, S. 114.
[10] Vgl.: Horváth & Partners: Balanced Scorecard umsetzen, S. 85f
[11] R. S. Kaplan; D. P. Norton: Balanced Scorecard, S. 276.

wie Probleme hin.

Der dritte Abschnitt stellt mit der Beschreibung von Integrationsmöglichkeiten der BSC in eine BI-Applikation und die dabei auftretenden Probleme den inhaltlichen Schwerpunkt dieser Arbeit dar. Zu Beginn erfolgt eine Abgrenzung des in der Praxis unsicheren und nicht einheitlich verwendeten Begriffs der Business Intelligence. In Kapitel 3.2 werden zuerst typische strategische Ziele der einzelnen Perspektiven operationalisiert, um anschließend die Beschaffung dieser Messgrößen zu erörtern. Das Folgekapitel widmet sich dem Output und damit der Datendarstellung und -aufbereitung, wobei hier vor dem Hintergrund der in der Wirtschaftsinformatik gängigen angewandten Methoden verschiedene Möglichkeiten untersucht und Lösungsvorschläge gemacht werden. Zum Abschluss behandelt das Kapitel 3.4 die Integration von Ursache-Wirkungsbeziehungen und stellt Möglichkeiten eines IT-Systems bei dem Entwickeln von Zusammenhängen vor. Die Arbeit endet mit einer Zusammenfassung der gewonnenen Erkenntnisse.

2 BSC

2.1 Empirische Erhebungen

Im Vorfeld dieser Arbeit wird geklärt, inwieweit das BSC-Konzept in der heutigen Unternehmenspraxis relevant ist, angewandt wird und sich die Implementierung der Balanced Scorecard auf den Erfolg eines Unternehmens auswirkt. Seit Erstveröffentlichung des Konzeptes, von Kaplan und Norton im Jahr 1992 in der Harvard Business Review[12] wurden, da der Nachweis über die Rolle der BSC in Unternehmen von starkem Interesse ist, zahlreiche empirische Studien auf hohem Niveau durchgeführt. Anhand der Studie „100 mal Balanced Scorecard" von Horváth & Partners aus den Jahren 2001/2, 2003 und 2005, an der über 100 Unternehmen aus Deutschland, Österreich und der Schweiz teilnahmen, soll diese Fragestellung beantwortet werden.[13]

Da sich der unmittelbare Anteil der BSC an dem Unternehmenserfolg nicht isoliert betrachten lässt, sind die folgenden Ergebnisse nur eingeschränkt interpretierbar: In der empirischen Erhebung von Horváth & Partners wird in allen drei Studien bestätigt, dass Unternehmen, die mit der BSC arbeiten, sich in Bezug auf Jahresüberschuss und Umsatzwachstum erfolgreicher sehen als ihre Wettbewerber. 64% dieser befragten Unternehmen geben an, in der Entwicklung ihres Jahresüberschusses sich „eher besser" und „deutlich besser" als ihre Wettbewerber entwickelt zu haben. Nicht ganz so deutlich, aber ähnliches positiv ist das Ergebnis beim Umsatzwachstum, wo sich 55% der Unternehmen „eher besser" oder „deutlich besser" als im Vergleich zu ihren Wettbewerbern sehen.[14] Auf die Frage, ob der Pay-back der BSC für das Unternehmen deutlich höher als der Aufwand sei, den sie verursacht, stimmen 80% der Befragten mit „größtenteils" oder „absolut" zu. Zudem korreliert die getätigte Investition positiv mit der Intensität der Anwendung.[15] Insgesamt nicht zufrieden mit dem BSC-Einsatz sind lediglich 3% der Befragten, 80% hingegen sind „größtenteils" und „absolut" zufrieden.[16]

---

[12] Vgl.: M. Grothe, P. Gentsch: Business Intelligence, S. 27.
[13] Vgl.: Horváth & Partners: Balanced Scorecard umsetzen, S. 12.
[14] Vgl.: Horváth & Partners: Balanced Scorecard umsetzen, S. 23.
[15] Vgl.: Horváth & Partners: Balanced Scorecard umsetzen, S. 33.
[16] Vgl.: Horváth & Partners: Balanced Scorecard umsetzen, S, 30.

Dieses sehr positive Ergebnis unterliegt einer Verzerrung, da die Unternehmen, die an der Studie teilnehmen, sich freiwillig melden. Zum einen ist davon auszugehen, dass tendenziell erfolgreiche Unternehmen mit guten Ergebnissen ihre Daten übermitteln, zum anderen nahmen nur aktive Anwender der BSC und nicht jene Unternehmen, die das Konzept wieder aufgegeben haben, an den Studien teil. [17] Daraus folgt, dass, obwohl der Erfolg der BSC schwer messbar ist, die Unternehmen, die das Konzept der BSC nachhaltig integrieren konnten, positiven Nutzen in Bezug auf Umsatzwachstum und die Entwicklung des Jahresüberschusses registrieren und sich die Investition trotz großen Aufwandes und hoher Kosten in eine BSC rentiert.

2.2 Einführungsgründe

Der zu Beginn der Arbeit angesprochene zunehmende globale Wettbewerb erfordert von Unternehmen den systematischen Aufbau erfolgsrelevanter Fähigkeiten, eine schnelle und gezielte Anpassung an Veränderungen im Unternehmensumfeld sowie ein erhöhte Entscheidungsqualität. Eine strategische Planung, welche nach Morganski zuallererst das Vorhandensein einer Mission und Vision voraussetzt, birgt gegenüber improvisierten, ungeplanten Entscheidungen erhebliche Vorteile und kann das Risiko von Fehlentscheidungen erheblich mindern.[18] Zusätzlich zu dem Problem der kurzfristigen Unternehmensplanung sind einer Umfrage des Fortune Magazins unter Unternehmensberatern zufolge weniger als 10% aller Unternehmensstrategien erfolgreich in ein Unternehmen implementiert und somit auch nicht in das operative Management integriert.[19] Hinzu kommt die Kritik an der oft einseitig monetären Ausrichtung US-amerikanischer Managementsysteme. Das ganzheitliche Steuerungsinstrument der BSC, entwickelt, um dieser Kritik entgegenzuwirken, ist ein Ansatz zur Lösung der beschriebenen Probleme.[20] Im diesem Kapitel folgt zuerst eine allgemeine Einschätzung der BSC von den Entwicklern Kaplan und Norton sowie anschließend eine anhand von verschiedenen Autoren verwendete und an

---

[17] Vgl.: Horváth & Partners: Balanced Scorecard umsetzen, S. 23, 30, 33.
[18] Vgl.: B. Morganski: Balanced Scorecard. Auf dem Weg zum Klassiker, S. 4ff. .
[19] Vgl.: M.Grothe, P. Gentsch: Business Intelligence, S. 27.
[20] Vgl.: Horváth & Partners: Balanced Scorecard umsetzen, S. 15.

Kaplan und Norton angelehnte Darstellung von Einführungsgründen, aufgeteilt in fünf Kernpunkte, um die Wirkungsweise und Absicht des ganzheitlichen Tools der BSC zu erläutern.

Kaplan und Norton, welche das Konzept der BSC zu Beginn der 90er Jahre des 20. Jahrhunderts entwickelten, beschreiben das Konzept als „ein umfassendes Instrumentarium, um die Unternehmensvision und –strategie in ein geschlossenes Bündel von Leistungsmessungsfaktoren zu übertragen. [...] Die Scorecard schafft einen Rahmen, eine Sprache, um Mission und Strategie zu vermitteln [und] Mitarbeiter über Erfolgsfaktoren für gegenwärtige und zukünftige Erfolge zu informieren. [...] Sie ist dabei in vier verschiedene Perspektiven unterteilt [...], welche der Scorecard ermöglichen, ein Gleichgewicht von quantitativen und qualitativen Zielen zu erreichen."[21]

2.2.1 Strategie darstellen

Obwohl ein Unternehmen ein komplexes Gebilde in einem komplexen Umfeld darstellt, werden viele, hauptsächlich weil im Rechnungs- und Berichtswesen die einseitige Orientierung auf die traditionellen finanzwirtschaftlichen Kennzahlen und deren Basisdaten dominiert, mit nur einem monetär ausgerichteten Instrument gesteuert. Ein Strategiemodell kann aber nur vollständig sein, wenn es zu den wesentlichen Handlungsfeldern des Unternehmens Aussagen macht, alle wesentlichen Betrachtungsebenen mit einbezieht und nicht nur finanzielle oder unterschiedliche Ziele isoliert voneinander definiert sowie deren Wechselwirkung und gegenseitige Implikation nicht mit einbezieht. Lediglich Managementmethoden wie Total Quality oder Reengineering versuchen vielschichtige Zusammenhänge darzustellen. Die BSC bietet ein ausgewogenes Verhältnis von finanziellen und nichtfinanziellen Steuerungsgrößen und leitet nach Findung der Mission und Vision diese in finanzielle und nicht finanzielle Perspektiven ab. Es werden in der Unternehmerpraxis vier bis fünf davon verwendet, wobei die Bedeutung der verschiedenen Perspektiven für jedes Unternehmen unterschiedlich sein kann. Kaplan und Norton, die Entwickler der BSC, schlagen folgende vier

---

[21] R. S. Kaplan; D. P. Norton: Balanced Scorecard, S. 23f

Perspektiven vor, welche in Kapitel 2.3 jeweils noch näher beschrieben werden:[22]

Finanzperspektive
Kundenperspektive
Interne Geschäftsprozessperspektive
Lern- und Entwicklungsperspektive

Diese Herangehensweise verhindert, dadurch dass die Perspektiven gleichgewichtig und interdependent sind, eine isolierte Betrachtung und Bearbeitung der dieser und somit erfolgt eine Orientierung auf die gesamte Komplexität der betrieblichen Leistungserstellung sowie erfolgt eine Konzentration auf die wesentlichen Aspekte des Unternehmens. Diese führt zu einer Komplexreduktion und besseren Übersichtlichkeit.[23,24,25]

2.2.2 Strategie messbar machen

Bei diesem Punkt handelt es sich laut Morganski um einen Kernaspekt der BSC, denn wenn es nur bei der bloßen verbalen Deklaration von Strategie bleiben würde, wäre es in der Folge nicht möglich, die Zielerreichung messen zu lassen und erst die Messung macht eine Regulierung und Steuerung der betreffenden Prozesse möglich.[26] Nach Friedag und Schmidt konzentrieren sich Unternehmen traditionell auf eine Vielzahl von finanzwirtschaftlichen Methoden und andere, nicht monetäre Größen sind erst in den letzten Jahren stärker in das wirtschaftliche Bewusstsein gerückt. Begründet wird dies zum einen mit dem Wechsel der nachfrageorientierten zur angebotsorientierten Marktwirtschaft, aber auch mit der Erkenntnis, dass ein Unternehmen nicht nur Cash Cow, son-

---

[22] Vgl.: R. S. Kaplan; D. P. Norton: Balanced Scorecard, S. 24.
[23] Vgl.: B. Morganski: Balanced Scorecard. Auf dem Weg zum Klassiker, S. 31f
[24] Vgl.: H. R. Friedag; W. Schmidt: Balanced Scorecard, S. 23ff. .
[25] Vgl.: Horváth & Partners: Balanced Scorecard umsetzen, S. 40f
[26] Vgl.: B. Morganski: Balanced Scorecard. Auf dem Weg zum Klassiker, S. 33ff. .

dern auch ein sozio-technisches System darstellt.[27] Eines der bekanntesten und verbreitesten betriebswirtschaftlichen Kennzahlensysteme ist das Du-Pont-Kennzahlensystem, welches dazu entwickelt wurde, sowohl das Management des Unternehmens als auch externe Interessengruppen wie Banken, Anteilseigner, Lieferanten und Kunden anhand von Rentabilitätsgrößen zu beurteilen. Allerdings betrachtet das DuPont-Kennzahlensystem die finanziellen Erfolgs- und Liquiditätsgrößen lediglich im Rahmen einer für die strategische Steuerung eines Unternehmens nicht ausreichenden, rückblickenden Ergebnisanalyse anhand vergangenheitsorientierten Daten des internen und externen Rechnungswesens. Horváth & Partners ergänzen und bestätigen dies anhand der Aussage, dass mit der Festlegung von Rendite- und Wachstumszielen die Aufgabe der strategischen Steuerung nicht abgeschlossen ist, da sich ein Unternehmen unter anderem folgende Fragen stellen muss: Welche Produkte sind nötig? Welcher Marktzugang wird gewählt? Passen die Fähigkeiten unserer Mitarbeiter? Haben wir das richtige Kundenportfolio gewählt? Sind die Prozesse unserer Wertschöpfung auch darauf ausgerichtet?[28] Hier knüpft die BSC an. Wenn die Perspektiven ausgewählt sind, welche für die Umsetzung der Mission und Vision in Strategie wichtig sind, werden nun die Prozesse bestimmt, welche für die Umsetzung aus den jeweiligen Perspektiven entscheidend sind. Nachdem die Prozesse identifiziert sind, müssen geeignete Kennzahlen und Messmethoden gesucht werden, um diese zu steuern und es so möglich ist, die Strategie anhand dieser Kennzahlen zu messen.[29,30]

2.2.3 Strategie kommunizieren

Für die Umsetzung von Strategien in Unternehmen ist nach Morganski permanente Kommunikation dieser notwendig. Alle Beteiligten müssen die Strategie und das dazugehörige Verhalten zur Erreichung der gesetzten Ziele verinnerlichen. Er weist in diesem Zusammenhang auf das Problem hin, dass mit Kommunikation und Informationsversorgung noch immer von einer „Holschuld" der Mitarbeiter gesprochen wird und so die damit verbundene Kommunikation der

---

[27] Vgl.: H. R. Friedag; W. Schmidt: Balanced Scorecard, S. 30ff. .
[28] Vgl.: Horváth & Partners: Balanced Scorecard umsetzen, S. 34f
[29] Vgl.: H. R. Friedag; W. Schmidt: Balanced Scorecard, S. 30ff. .

Ziele oft ein Problem darstellt.[31] Friedag und Schmidt sehen ergänzend zum einen den Grund dafür in der elektronischen Datenverarbeitung, der es an zwischenmenschlicher Kommunikation fehlt, und der Möglichkeit, unglaublich viele Informationen gleichzeitig zu erfassen und zu verarbeiten. Zum anderen liegt der Grund in dem fehlenden Vertrauen in die Mitarbeiter und die daraus folgende Kontrolle dieser anhand der durch elektronische Datenerarbeitung gewonnenen Informationen.[32] Die BSC liefert nach Kaplan und Norton die Grundlage, um die Strategie in einem Unternehmen zu kommunizieren, indem sie den Dialog zwischen Geschäftseinheit, Bereichsleitern und Management nicht nur in Bezug auf kurzfristige finanzielle Ziele, sondern auch in Hinsichtlich auf Formulierung und Durchführung der Strategie fördert. Die Ziele der BSC sollen im ganzen Unternehmen durch Firmenzeitschriften, Aushänge, Videos und interne Mailing-Systeme kommuniziert und verbreitet werden, um allen Mitarbeitern zu signalisieren, welche strategischen Ziele für den Erfolg des Unternehmens angestrebt werden müssen, damit jeder im Unternehmen die seiner Geschäftseinheit versteht.[33]

Horváth & Partners sehen in der elektronischen Datenverarbeitung im Gegensatz zu Friedag und Schmidt eine Unterstützung des BSC-Konzeptes und weisen darauf hin, dass auch ohne eine große ausgefeilte IT-Lösung sich die BSC erfolgreich in einem Unternehmen etablieren kann. Die betriebliche Praxis jedoch zeigt, dass die Umsetzung des Konzeptes nur bei einem kleinen Anwenderkreis ohne die Softwareunterstützung auskommt.

2.2.4 Strategie verankern

Die Kollision der Strategie mit dem aus der Vergangenheit abgeleiteten Budget führt nach Morganski dazu, dass diese, so gut sie auch sein mag, nicht umgesetzt wird.[34] Strategische Veränderungen sind nach Friedag und Schmidt nur äußere Kosmetik, solange das Budget diese Veränderungen nicht übernimmt

---

[30] Vgl.: B. Morganski: Balanced Scorecard. Auf dem Weg zum Klassiker, S. 33ff. .
[31] Vgl.: B. Morganski: Balanced Scorecard. Auf dem Weg zum Klassiker, S. 37ff. .
[32] Vgl.: H. R. Friedag; W. Schmidt: Balanced Scorecard, S. 34ff. .
[33] Vgl.: R. S. Kaplan; D. P. Norton: Balanced Scorecard, S. 12f
[34] Vgl.: B. Morganski: Balanced Scorecard. Auf dem Weg zum Klassiker, S. 39.

und die Strategie dort nicht verankert wird. Das Budget welches aus den Ist-Daten des Unternehmens vergangener Perioden abgeleitet wurde und aus deren Fortschreibung besteht, hat das Bestehen zum Inhalt und setzt sich aus harten und exakten Fakten zusammen. Eine Strategie hingegen zielt anhand von Visionen auf Veränderungen ab und ist, da die Zukunft unwägbar ist, verbal und unscharf formuliert.[35] Die BSC befähigt laut Kaplan und Norton ein Unternehmen dazu, die strategische Planung in den jährlichen Budgetierungsprozess zu integrieren und so dieses Problem zu überwinden.[36] Durch die BSC lernen alle Beteiligten laut Morganski, nicht nur strukturiert in den vier Perspektiven zu denken, sondern auch zwischen Früh- und Spätindikatoren zu differenzieren. Die gebräuchlichen Kennzahlen und Kennzahlensysteme wie z.B. Cashflow, Return on Investment oder Shareholder Value leiten sich aus am Schluss eines betriebswirtschaftlichen Prozesses stehenden Daten ab und zählen so zu den Spätindikatoren. Frühindikatoren sind hingegen auf den Beginn und die frühe Phase eines Prozesses orientiert und messen Vorgänge, die heute sicherstellen, dass z.B. ein bestimmter Cashflow in Zukunft erreicht wird. Die Kennzahlen müssen deshalb in einer BSC dreidimensional identifiziert werden: zum einen aus der Sicht der jeweiligen Perspektive mit unterschiedlichen Fristigkeit sowie der Differenzierung nach Früh- und Spätindikatoren.[37] Dieser Ansatz ermöglicht es, den Widerspruch zwischen strategischer Zukunftsorientierung und gegenwartsbezogener Budgetierung zu überwinden, so dass sich strategische Ziele mit dem täglichen Budget messen lassen.

2.2.5 Strategie anpassen

Mit dem zunehmenden Wettbewerbsdruck hat sich nach Morganski auch die Halbwertzeit für Unternehmensstrategien deutlich reduziert, sie müssen deshalb permanent überdacht, überarbeitet, an die Veränderungen im Unternehmen und sein Umfeld angepasst werden.[38] Wenn verhindert werden soll, dass eine Strategie veraltet ist, bevor sie umgesetzt wurde, müssen laut Friedag und Schmidt Mittel gefunden werden, mit deren Hilfe diese den sich ändernden Lebensum-

---

[35] Vgl.: H. R. Friedag; W. Schmidt: Balanced Scorecard, S. 40ff. .
[36] Vgl.: R. S. Kaplan; D. P. Norton: Balanced Scorecard, S. 14.
[37] Vgl.: B. Morganski: Balanced Scorecard. Auf dem Weg zum Klassiker, S. 39ff. .

ständen angepasst werden kann.[39] Kaplan und Norton beschreiben, dass der lineare Prozess der Formulierung einer Vision und Strategie, ihre Kommunizierung und Verknüpfung mit allen Teilen der Organisation und der Abstimmung von Aktionen und Initiativen mit langfristigen strategischen Zielen ein Beispiel eines single-loop Lernprozesses ist. Hierbei bleibt das Ziel konstant und wird auch nicht durch Abweichungen in Frage gestellt. Organisationen benötigen aber auch die Möglichkeit des double-loop-Lernens. Ein double-loop-Effekt tritt auf, wenn Manager Voraussetzungen in Frage stellen und überlegen, ob die Annahmen, nach denen sie bisher gehandelt haben, unter jetzigen Voraussetzungen, Beobachtungen und Erfahrungen aufrecht erhalten werden können. Ist ein erwartetes Ergebnis nicht erzielt worden, obwohl die Leistungstreiber verbessert wurden, signalisiert dies, dass die der Strategie zugrunde liegende Ursache-Wirkungsbeziehung nicht mehr gültig ist. Die BSC ermöglicht so dem Management, Rückmeldung über die Strategie zu bekommen und deren Umsetzung zu überwachen, anzupassen und zu ändern.[40] Morganski schlägt vor, dies anhand kurzfristiger Meilensteine in monatlichen und vierteljährlichen Management Reviews festzustellen und so zu sehen, ob die Ziele der BSC erreicht worden sind und die erwartete Wirkung eingetroffen ist.

2.3 Perspektiven

Nach der vorangegangenen Beschreibung der Einführungsgründe der BSC werden im folgenden Abschnitt die von Kaplan und Norton vorgeschlagenen Perspektiven noch einmal näher erläutert. Aufgrund empirischer Arbeiten konnten sie nachweisen, dass erfolgreiche Unternehmen mindestens vier Perspektiven in einem ausgewogenen Verhältnis zueinander berücksichtigen. Die vier vorgeschlagenen Finanzen, Kunden, Prozesse und Lern- und Entwicklungsperspektive sind allerdings nur als bewährtes Basisgerüst zu verstehen und können durch unternehmensindividuelle Perspektiven ergänzt oder ersetzt werden.[41,42] Die genau Erläuterung der Perspektiven ist an dieser Stelle wichtig

---

[38] Vgl.: B. Morganski: Balanced Scorecard. Auf dem Weg zum Klassiker, S. 42.
[39] Vgl.: H. R. Friedag; W. Schmidt: Balanced Scorecard, S. 44.
[40] Vgl.: R. S. Kaplan; D. P. Norton: Balanced Scorecard, S. 15.
[41] Vgl.: Horváth & Partners: Balanced Scorecard umsetzen, S. 41ff. .

um im Verlauf der Arbeit Probleme erkennen zu können, die bei der Integration der BSC in eine BI-Applikation entstehen. Die Darstellung erfolg daher mit dem aufführen beispielhafter strategischer Ziele für jede Perspektive, auf die im Verlauf der Arbeit zurückgekommen wird.

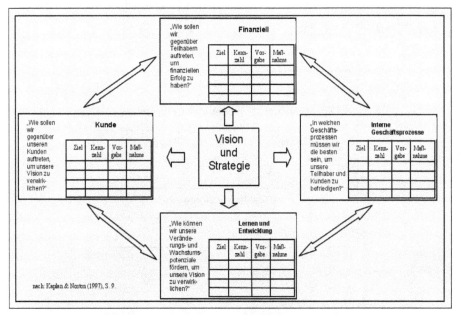

Abbildung 1: Das Grundmodell der Balanced Scorecard.
Vgl.: R. S. Kaplan; D. P. Norton: Balanced Scorecard, S. 9.

2.3.1 Finanzperspektive

Die Finanzperspektive ist nach Friedag und Schmidt die wichtigste der vier Perspektiven, da ohne Berücksichtigung der finanziellen Seite und ohne langfristige Einnahmeüberschüsse ein Unternehmen nicht existieren kann.[43] Morganski ergänzt, dass die Ziele der Finanzperspektive als Focus für die Ziele und Kennzahlen der anderen Perspektiven dienen und dass jede identifizierte Kennzahl der anderen Perspektiven als Teil der Ursache-Wirkungskette zur Verbesserung der Finanzen im Unternehmen beitragen sollte.[44] Horváth &

---

[42] Vgl.: H.-G. Kemper, W. Mehanna, C. Unger: Business Intelligence, S. 116.
[43] Vgl.: H. R. Friedag; W. Schmidt: Balanced Scorecard, S. 183ff. .
[44] Vgl.: B. Morganski: Balanced Scorecard. Auf dem Weg zum Klassiker, S. 87ff. .

Partners sehen in dieser Perspektive die Messlatte für den Erfolg oder Misserfolg einer Strategie, da sie die Ziele und Kennzahlen enthält, die das Ergebnis der Strategieumsetzung messen. Typischerweise finden sich hier strategische Ziele, die Aussagen über die Rendite, Kostensituation und Wachstumsstrategie betrachten. [45] Folgende strategische Ziele können beispielhaft für die Finanzperspektive genannt werden:[46]

Rendite steigern
Konkurrenzfähige Kostenstruktur aufbauen
Unternehmensergebnis steigern
Umsätze erhöhen
Cashflow steigern
Shareholder-Value erhöhen

2.3.2 Kundenperspektive

In der Kundenperspektive der BSC werden die Kunden- und Marktsegmente identifiziert, in denen das Unternehmen konkurrenzfähig sein soll. Diese Perspektive beinhaltet einige allgemeine, segmentübergreifende Kennzahlen. Das Erreichen der Kennzahlen dieser Perspektive ist ein strategisch wichtiges Indiz dafür, ob die Ziele der Finanzperspektive erreicht werden können, da eine Verfehlung darauf hinweist, dass die Leistungen des Unternehmens nicht den gewünschten positiven Effekt beim Kunden haben.[47,48] Folgende strategische Ziele können beispielhaft für die Kundenperspektive genannt werden:[49]

---

[45] Vgl.: Horváth & Partners: Balanced Scorecard umsetzen, S. 41ff. .
[46] Vgl.: B. Morganski: Balanced Scorecard. Auf dem Weg zum Klassiker, S. 89.
[47] Vgl.: R. S. Kaplan; D. P. Norton: Balanced Scorecard, S. 24f
[48] Vgl.: Horváth & Partners: Balanced Scorecard umsetzen, S. 50f
[49] Vgl.: Horváth & Partners: Balanced Scorecard umsetzen, S. 41ff. .

Ausbau der Marktposition
Kundenzufriedenheit steigern
Kundenbindung fördern
Image als Partner der Kunden aufbauen
Image als Innovationsführer erlangen.

2.3.3 Prozessperspektive

In der Kundenperspektive konzentriert sich nach Kaplan und Norton ein Unternehmen auf die Prozesse, welche den größten Einfluss auf die Kundenzufriedenheit und die Unternehmenszielerreichung haben. Herkömmliche Performance-Measurement-Systeme fokussieren lediglich die Analyse, Überwachung und Verbesserung von Kosten, Qualität und Zeit von bereits bestehenden innerbetrieblichen Prozessen. Die BSC identifiziert jedoch neue und für die Unternehmensstrategie erfolgskritische Prozesse, die im Unternehmen eventuell noch gar nicht vorhanden sind und in denen die Organisation Verbesserungsschwerpunkte setzen muss.[50] Nach Morganski soll jeder Prozess in einem Unternehmen in Frage gestellt und neu definiert werden, um so eine völlig neue, alles bisher ersetzende Wertschöpfungskette der internen Betriebsprozesse aufzuzeigen, welche drei Hauptgeschäftsprozesse Innovationsprozess, Betriebsprozess und Kundendienst beinhaltet.[51] (vgl. Abb. 2)

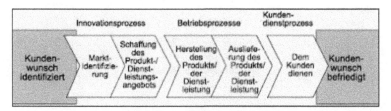

Abbildung 2: Das generische Wertkettenmodell.
Vgl.: R. S. Kaplan; D. P. Norton: Balanced Scorecard, S. 93

---

[50] Vgl.: R. S. Kaplan; D. P. Norton: Balanced Scorecard, S. 25f, 89ff. .
[51] Vgl.: B. Morganski: Balanced Scorecard. Auf dem Weg zum Klassiker, S. 77f

Begonnen wird die interne Wertschöpfungskette mit dem Innovationsprozess. Dieser identifiziert nach Kaplan und Norton Kundenwünsche, die die Organisation mit ihren zukünftigen Produkten und Dienstleistungen befriedigen will, um diese anschließend zu entwickeln. Der Innovationsprozess sollte, um einen langfristigen Innovationszyklus zu gewährleisten, fester Bestandteil der Prozessperspektive sein. In der zweiten Stufe der Wertschöpfungskette, dem Betriebsprozess, werden die existierenden Produkte und Dienstleistungen produziert, dem Kunden angeboten und ausgeliefert. Anschließend folgt die Stufe des Kundendienstes, welcher die Serviceleistungen für den Kunden nach dem Kauf beinhaltet.[52] Folgende strategische Ziele schlagen Friedag, Schmidt und Morganski unter anderem beispielhaft zur Messung der drei Hauptgeschäftsprozesse vor:[53,54]

Innovationsprozess:

Identifikation neuer Kundenwünsche

Betriebsprozess:

Effektivität der Produktion verbessern
Prozess-Fehlerquote senken

Kundendienst:

Erreichbarkeit steigern
Kundendienst verbessern

---

[52] Vgl.: R. S. Kaplan; D. P. Norton: Balanced Scorecard, S. 89f, 111.
[53] Vgl.: H. R. Friedag; W. Schmidt: Balanced Scorecard, S. 141ff. .
[54] Vgl.: B. Morganski: Balanced Scorecard. Auf dem Weg zum Klassiker, S. 79ff. .

2.3.4 Lern- und Entwicklungsperspektive

Die Bezeichnung dieser Perspektive variiert deutlich, Kaplan und Norton nennen diese „Lern- und Entwicklungsperspektive", an anderer Stelle, bei Friedag und Schmidt, wird sie als „Mitarbeiterperspektive" oder auch von Horváth & Partners als „Potenzialperspektive" bezeichnet.[55],[56],[57]

Nach Kaplan und Norton müssen Unternehmen, um langfristige Ziele zu errei-chen, ihr Potenzial mit Hilfe der Lern- und Entwicklungsperspektive kontinuierlich ausbauen. Die Lücke zwischen vorhandenem Potential und der zur Höchstleis-tung notwendigen Faktoren soll diese Perspektive durch die Identifizierung der benötigten Infrastruktur schließen.[58] Friedag und Schmidt stimmen zu, dass diese Perspektive wegen ihrer langfristigen Wirkung für ein Unternehmen be-sonders von Bedeutung ist, da das Potenzial der Mitarbeiter, aber auch die Nutzung der Informationstechnologie geschärft wird. Sie merken zusätzlich an, dass in vielen Unternehmen wenig Erfahrung mit dieser Perspektive besteht, da Mitarbeiter oft noch als Kostenfaktor angesehen werden und eine Investitionen in sie keinen kurzfristigen Ertrag einbringt.[59] Aus der Erfahrung von Kaplan und Norton haben sich folgende drei Hauptkategorien entwickelt:

- **Mitarbeiterpotentiale**

- **Potential von Informationssystemen**

- **Motivation, Empowerment und Zielausrichtung.**[60]

Nach Horváth & Partners stellen Kaplan und Norton mit diesen drei Punkten den Bezug zur aktuellen Strategie nicht ausreichend her und ergänzen, dass bei der Ableitung der Ziele der Kunden und Prozessperspektive stets diskutiert werden sollte, ob die erforderlichen Fach- und Handlungskompetenzen zur Umsetzung dieser Ziele vorliegen.[61]

---

[55] Vgl.: R. S. Kaplan; D. P. Norton: Balanced Scorecard, S. 121.
[56] Vgl.: H. R. Friedag; W. Schmidt: Balanced Scorecard, S. 163.
[57] Vgl.: Horváth & Partners: Balanced Scorecard umsetzen, S. 42.
[58] Vgl.: R. S. Kaplan; D. P. Norton: Balanced Scorecard, S. 27, 121f
[59] Vgl.: H. R. Friedag; W. Schmidt: Balanced Scorecard, S. 163ff. .
[60] Vgl.: R. S. Kaplan; D. P. Norton: Balanced Scorecard, S. 121.
[61] Vgl.: Horváth & Partners: Balanced Scorecard umsetzen, S. 42, 51f

Für die oben genannten drei Hauptkategorien können beispielhaft folgende strategischen Ziele genannt werden:[62,63]

Mitarbeiterpotentiale:

Mitarbeitermotivation erhöhen
Mitarbeiterzufriedenheit steigern
Mitarbeiterproduktivität steigern

Potential von Informationssystemen:

Strategische Informationsdeckungskennziffer erhöhen
Anteil an Prozessen mit real-time Informationen erhöhen
Anzahl verwendeter Softwarelösungen steigern

Motivation, Empowerment und Zielausrichtung:

Verbesserungsvorschläge pro Mitarbeiter
Anteil engagierter Mitarbeiter in internen Ausschüssen
Bekanntheitsstufe der Ziele der BSC bei den Mitarbeitern

2.4 Ursache-Wirkungsdiagramm

Horváth & Partners beschreiben, dass man für die erfolgreiche Unternehmens-führung, um ein Verständnis für die Zusammenhänge zu bekommen, die Ge-schehnisse seiner Umwelt nicht isoliert betrachten, sondern die Aufmerksamkeit auf die Gegenseitige Beeinflussung von Ereignissen lenken sollte. Auch die Ziele der BSC wirken in der Regel nicht unabhängig voneinander und die Erreichung

---

[62] Vgl.: S. Kaplan; D. P. Norton: Balanced Scorecard, S. 121ff. .
[63] Vgl.: H. R. Friedag; W. Schmidt: Balanced Scorecard, S. 163ff. .

eines Zieles nimmt Einfluss auf die anderen.[64] Jede für die BSC ausgewählte Maßgröße sollte nach Kaplan und Norton ein Element der Kette von Ursache-Wirkungsbeziehung sein, um die Bedeutung der Geschäftsstrategie für das Untenehmen zu kommunizieren.[65] Nach Oehler spiegelt die in Abb. 3 exemplarisch dargestellte graphische Darstellung der Ursache-Wirkungskette, die von Kaplan und Norton „Strategy Map" genannt wird, die vermutete Abhängigkeit von Zielen graphisch wider. Sie ist dem System Dynamics entnommen worden und setzt auf aggregiertem Niveau an und verbindet die Ziele durch Pfeile.[66]

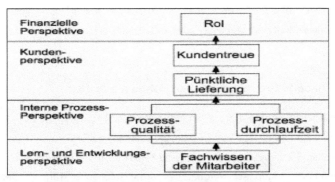

Abbildung 3: Darstellung von Ursache-Wirkungsbeziehung.

Vgl.: Horváth & Partners: Balanced Scorecard umsetzen, S. 8

Horváth & Partners relativieren die Hoffnung, dass sich zwischen den strategischen Zielen Gesetzmäßigkeiten ableiten lassen und der Strategieerfolg durch die Korrelation zwischen strategischen Zielen zu verfolgen wäre, da die Ursache-Wirkungskette keine algorithmische Logik wie z.B. das Du-Pont-Kennzahlensystem darstellt. Die Ziele und damit die Messgrößen sind logisch kausal, aber nicht zwingend rechnerisch kausal verknüpft und bei Veränderung eines Zielwertes lässt sich die Beeinflussung eines anderen Wertes des Zielsystems nicht genau vorhersagen.[67] Die Integration einer Ursache-Wirkungskette in eine BI-Applikation ist wichtiger Bestandteil bei der Arbeit mit der BSC und wird in Kapitel 3.4 erörtert.

---

[64] Vgl.: Horváth & Partners: Balanced Scorecard umsetzen, S. 52f
[65] Vgl.: R. S. Kaplan; D. P. Norton: Balanced Scorecard, S. 42f
[66] Vgl.: K. Oehler: Corporate Performance Management, S. 235.
[67] Vgl.: Horváth & Partners: Balanced Scorecard umsetzen, S. 55f

2.5 Implementierungs-Konzept der BSC

Nachdem die einzelnen Perspektiven in dem vorangegangenen Abschnitt vorgestellt worden sind und nun ein kompletter Eindruck über die BSC vermittelt
wurde, wird im folgernden Kapitel ein Implementierungs-Konzept dargestellt, um
zu klären, wie es möglich ist, eine BSC in ein Unternehmen einzuführen sowie
werden die einzelnen Schritte aufgezeigt, die eine BSC während einer Implementierung in ein Unternehmen durchläuft. Das vorgestellte, an Horváth &
Partners angelehnte Konzept ist in fünf Phasen unterteilt, wobei speziell die
fünfte Phase „kontinuierlichen Einsatz der BSC sicherstellen", da in dieser Phase
auf IT-Unterstützung eingegangen wird, detaillierter erörtert wird.

2.5.1 Phase 1: Organisatorischen Rahmen schaffen

Nach Horváth & Partners muss ein Managementkonzept wie die BSC in einen
adäquaten Rahmen eingefasst werden, sie sollte bei der Implementierung einige
wesentliche Elemente enthalten und den spezifischen Gegebenheiten eines
Unternehmens angepasst werden. Der organisatorische Rahmen beinhaltet
unter anderem die konzeptionellen Regeln, die bei allen Einheiten, bei denen die
BSC eingeführt wird, bestimmt werden. Hierzu gehören zum einen die Festlegung der Perspektiven und die Entscheidung, für welche Organisations- oder
Unternehmenseinheit die BSC entwickelt werden soll. Zum anderen gelten für
die Implementierung der BSC die Regeln des Projektmanagements, wie
BSC-Architektur bestimmen, Projektorganisation festlegen, Projektablauf ges-
talten, Informations- und Kommunikationskonzept entwickeln, Methoden und
Inhalte standardisieren sowie kritische Erfolgsfaktoren berücksichtigen.[68] Diese
sind nach Morganski notwendig, um die Balance zwischen Projektanforderungen
und Ressourcen zu wahren.[69] Dem Projektmanagement kommt laut Horváth &
Partners eine große Bedeutung zu, da Manager verschiedener Fachfunktionen
und unterschiedlicher Hierarchieebenen in die Implementierung der BSC eingebunden sind.[70]

---

[68] Vgl.: Horváth & Partners: Balanced Scorecard umsetzen, S. 75, 88f
[69] Vgl.: B. Morganski: Balanced Scorecard. Auf dem Weg zum Klassiker, S. 109
[70] Vgl.: Horváth & Partners: Balanced Scorecard umsetzen, S. 75

2.5.2 Phase 2: Strategische Grundlagen klären

Die Erfahrung von Horváth & Partners zeigt, dass in der Praxis angewandte Strategien häufig aus einer Ansammlung von einzelnen Meinungen, isolierten Konzepten und umfassenden Analysen bestehen und eine fertige, allgemein akzeptierte Strategie nicht vorhanden ist. Da ohne ein solides Verständnis der Richtung, welche das Unternehmen einschlagen will, der erfolgreiche Aufbau der BSC nicht möglich ist und gegebenenfalls eine falsche Strategie implementiert wird, werden in dieser Phase die strategischen Grundlagen geklärt und anschließend auf Konsistenz und Validität geprüft. Im Idealfall ist die BSC integraler Bestandteil des Strategieprozesses. Wichtig ist vor allem ein, gemeinsames, homogenes Strategieverständnis zu erhalten, auf dessen Grundlage die strategischen Ziele der BSC abgeleitet werden können, um eine solide Ausgangsbasis für die Einführung der BSC zu erhalten.[71] Morganski ergänzt, dass ein Konsens über die zu verfolgende Strategie zu erzielen ist, um eine im Verlauf der Erarbeitung der BSC neu aufkommende Strategiediskussion zu vermeiden.[72]

2.5.3 Phase 3: Balanced Scorecard entwickeln

Nach Kaplan und Norton vermittelt eine erfolgreiche BSC die Strategie anhand eines integrierten Kataloges finanzieller und nicht finanzieller Kennzahlen und motiviert so die Mitarbeiter, die Strategie erfolgreich umzusetzen.[73] Die Bearbeitung dieser Phase stellt nach Horváth & Partners den Kern einer BSC-Implementierung dar und bildet den für eine Integration in eine BI-Applikation wichtigen Ausgangspunkt der Strategiekommunikation und des kontinuierlichen Monitorrings der Strategieumsetzung.[74] Morganski und Horváth & Partners unterteilen die Phase der Entwicklung in folgende fünf Schritte:

---

[71] Vgl.: Horváth & Partners: Balanced Scorecard umsetzen, S. 79, 112f
[72] Vgl.: Morganski: Balanced Scorecard; Auf dem Weg zum Klassiker, S. 95ff.
[73] Vgl.: R. S. Kaplan; D. P. Norton: Balanced Scorecard, S. 142.
[74] Vgl.: Horváth & Partners: Balanced Scorecard umsetzen, S. 80f

1. Strategische Ziele ableiten

In diesem Schritt wird durch Formulierung der wichtigen strategischen Ziele, die Unternehmensstrategie konkretisiert und den einzelnen Perspektiven zugeordnet.[75]

2. Aufbau von Ursache-Wirkungsketten

Dieser Schritt stellt durch die Offenlegung der impliziten Annahmen ein zentrales Element bei der Entwicklung einer BSC dar und ermöglich die Feinabstimmung über die Ursache-Wirkungsbeziehungen. Das dadurch entstehende Ursache-Wirkungsdiagramm spiegelt anschaulich die wechselseitigen Beziehungen der strategischen Überlegungen im Unternehmen wider.[76]

3. Messgrößen auswählen

Durch die Auswahl der geeigneten Messgrößen soll das Verhalten der Mitarbeiter in die strategisch gewünschte Stoßrichtung gelenkt werden.[77] Morganski ergänzt, dass jedes strategische Ziel messbar ist, bei der Festlegung aber sichergestellt werden muss, dass es sich in ein Berichtssystem, also auch eine BI-Applikation, integrieren lässt und der Aufwand der Erhebung in einem vernünftigen Rahmen zum Nutzen steht.[78]

4. Zielwerte festlegen

Durch die Festlegung der Zielwerte, welche einerseits anspornend wirken, aber auch realistisch erreichbar sein sollen, ist ein strategisches Ziel nach Morganski und Horváth & Partners erst vollständig beschrieben. Für die strategischen Ziele der Finanzperspektive liegen oft konkrete Zielvorgaben aus der finanziellen Mehrjahresplanung oder einem Benchmarking, die von der BSC übernommen werden können, vor. Für die Zielwerte der anderen Perspektiven sind die Messgrößen meist erst noch zu bestimmen.[79,80]

---

[75] Vgl.: B. Morganski: Balanced Scorecard. Auf dem Weg zum Klassiker, S. 116f
[76] Vgl.: B. Morganski: Balanced Scorecard. Auf dem Weg zum Klassiker, S. 121ff. .
[77] Vgl.: Horváth & Partners: Balanced Scorecard umsetzen, S. 80f
[78] Vgl.: B. Morganski: Balanced Scorecard. Auf dem Weg zum Klassiker, S. 133f
[79] Vgl.: B. Morganski: Balanced Scorecard. Auf dem Weg zum Klassiker, S. 135.
[80] Vgl.: Horváth & Partners: Balanced Scorecard umsetzen, S. 214.

5. Strategische Aktionen bestimmen

Die sich aus dem Tagesgeschäft ergebenen Aktivitäten reichen nach Horváth & Partners in der Regel nicht aus, um die gesetzten strategischen Ziele zu erreichen und müssen daher mit Maßnahmen, die in unmittelbarem Zusammenhang mit den Zielen der BSC stehen, flankiert werden. Diese können z.B. Projekte, Aktivitäten oder sonstige Tätigkeiten, unter Berücksichtigung der vorhandenen Ressourcen, außerhalb des Tagesgeschäfts sein.[81]

2.5.4 Phase 4: Organisation strategieorientiert ausrichten

Die BSC muss nach Gladen, um als Steuerungs-Kennzahlensystem dienen zu können, auf die darunter liegenden Organisationseinheiten heruntergebrochen werden.[82] Nach Horváth & Partners bedeutet dies, um die Ziele, Messgrößen und strategischen Aktionen nebeneinander stehender Einheiten besser aufeinander abzustimmen und die BSC auf das gesamte Unternehmen auszuweiten, die vorherige Phase bei mehreren Organisationseinheiten des Unternehmens anzuwenden.[83]

2.5.5 Phase 5: Kontinuierlichen Einsatz der BSC sicherstellen

Würde die Implementierung der BSC nach der Phase 4 enden, wäre nur einmalig eine stärkere Fokussierung auf die Strategie sichergestellt. Da aber das übergeordnete Ziel die dauerhafte Verankerung einer strategiefokusierten Organisation ist, muss ein Prozess des Feedbacks, der Analyse und der Reflexion, durch die die Strategie überprüft wird und so veränderten Bedingungen angepasst werden kann, hinzugefügt werden.[84,85] Im Folgenden wird zuerst erläutert, warum bzw. wie die BSC in das Management- und Steuerungssystem eingebunden werden soll bzw. kann um danach auf die Integration in das Planungssystem einzugehen. Anschließend wird in Kapitel 2.5.5.3. die Integration der BSC in das

---

[81] Vgl.: Horváth & Partners: Balanced Scorecard umsetzen, S. 222f
[82] Vgl.: Gladen, W.: Kennzahlen- und Berichtssysteme, S. 208.
[83] Vgl.: Horváth & Partners: Balanced Scorecard umsetzen, S. 83f
[84] Vgl.: Horváth & Partners: Balanced Scorecard umsetzen, S. 84.

Berichtssystem dargestellt und so die Verbindung zum dritten Teil dieser Arbeit hergestellt.

2.5.5.1 Integration in das Management- und Steuerungssystem

Da das Managementsystem der BSC helfen soll, die Unternehmensstrategie operational umzusetzen, wäre nach Morganski ein einmaliger Aufbau dieser nicht effektiv und würde nach der Präsentation vor den Führungskräften wieder von der Managementagenda verschwinden. Um die Strategieumsetzungskompetenz in der Organisation nachhaltig zu verbessern, muss die BSC deshalb in das Management- und Steuerungssystem integriert werden.[86] Horváth & Partners ergänzen, dass zwei Drittel des Nutzens erst durch die Integration entstehen und die aufgeführten Einmalaktionen lediglich ein Drittel des Leistungspotenziales der BSC ausschöpfen.[87] Die Organisationen, die die BSC in den laufenden Management- und Steuerungsprozess einbinden, durchlaufen üblicherweise folgenden von Kaplan und Norton beschriebenen vierstufigen Managementzyklus: Beginnend mit der ersten Stufe, in der die Vision und Strategie in die BSC überführt wird, folgt anschließend in der zweiten Stufe die Kommunikation und Kaskadition dieser auf die nachgelagerten Einheiten des Unternehmens. In der dritten Stufe erfolgt die Ableitung der Jahresziele, die Budgetierung und die Vereinbarung von Zielen in Mitarbeitergesprächen sowie die Kontrolle der Zielerreichung, um eine strategieorientierte Fokussierung der Ressourcen für das folgende Geschäftsjahr sicherzustellen. In der vierten Stufe wird anhand des „Double Loop Learnings" geprüft, ob die strategischen Annahmen tatsächlich zutreffen oder falsche Prämissen bei der Ursache- Wirkungsbeziehung zugrunde lagen. Anhand des Vier-Stufen-Managementzykluses wird, um die Unternehmensstrategie langfristig verfolgen zu können, eine nachhaltige Integration der BSC in die Organisation gewährleistet.[88, 89]

2.5.5.2 Integration in das Planungssystem

Kaplan und Norton kritisieren unter Berücksichtigung, dass strategische und operative Planung wichtige Prozesse sind und nicht unabhängig voneinander

---

[85] Vgl.: R. S. Kaplan; D. P. Norton: Balanced Scorecard, S. 241.
[86] Vgl.: B. Morganski: Balanced Scorecard. Auf dem Weg zum Klassiker, S. 154.
[87] Vgl.: Horváth & Partners: Balanced Scorecard umsetzen, S. 275.
[88] Vgl.: R. S. Kaplan; D. P. Norton: Balanced Scorecard, S. 8ff. .

ablaufen sollten, dass in vielen Organisationen separate Prozesse und Organisationseinheiten dafür zuständig sind.[90] Horváth & Partners sehen den Grund für den Bruch an der Schnittstelle zwischen operativer Einperiodenplanung und strategischer Mehrperiodenplanung darin, dass strategischen und operativen Planern häufig ein wirksames Kommunikationsmedium und ein Prozess der Koppelung fehlt.[91] Die BSC schließt nach Morganski diese Lücke dadurchm, dass die strategischen Ziele mit langfristigen Zielwerten ausgestattet und zur Erreichung dieser, unter Berücksichtigung der Budgetierung, strategische Aktionen angestoßen werden und so Strategie mit Aktionen und strategische mit der operativen Planung verknüpft und eine strategiekonforme Verteilung der Ressourcen sichergestellt wird.[92] Horváth & Partners erklären, dass - richtig erarbeitet - die BSC, anders als ein langes Strategiedokument, eine verdichtete, leicht verständliche und aktionsorientierte Darstellung der strategischen Planung anzeigt und durch die daraus folgende Differenzierung von strategierelevanten Budgets und Routinebudgets eine verbesserte strategieorientierte Zuordnung von Ressourcen möglich ist. Hierzu gehört auf operativer Ebene die Ermittlung von Budgets, Meilensteinen und Prioritäten für die einzelnen Projekte sowie die Überprüfung gegenseitiger Abhängigkeiten. Mit der Einführung der BSC wird eine Verkürzung des gesamten Planungsprozesses erreicht und der operative Planungsprozess wird deutlich effizienter, da der Diskussions- und Abstimmungsaufwand in der operativen Planung reduziert wird und die Verlängerung in der strategischen Anfangsplanung zu einer Reduktion des Aufwandes in der operativen Planung führt.[93]

2.5.5.3 Integration in das Berichtssystem

Nach Horváth & Partners ist die Schwachstelle von betrieblichen Informationsversorgungssystemen in Unternehmen zum einen, dass die bereitgestellten Berichte oft einen zu großen Umfang und Detaillierungsgrad haben, aber zum anderen nicht alle Informationen beinhalten, die für die Steuerung des jeweiligen Unternehmensbereiches notwendig sind. Des Weiteren sind die Berichte größtenteils durch monetäre vergangenheitsbezogene Aussagen gekennzeichnet,

---

[89] Vgl.: Horváth & Partners: Balanced Scorecard umsetzen, S. 275ff. .
[90] Vgl.: R. S. Kaplan; D. P. Norton: Balanced Scorecard, S. 238.
[91] Vgl.: Horváth & Partners: Balanced Scorecard umsetzen, S. 284.
[92] Vgl.: B. Morganski: Balanced Scorecard. Auf dem Weg zum Klassiker, S. 156f

welche isoliert dargestellt werden, ohne die Vorgänge hinsichtlich der Auswirkung auf das Unternehmensziel aufzuzeigen.[94] Anhand der BSC wird mit der stringenten Ableitung der Messgrößen der Fokus auf wenige, unmittelbare und steuerungsrelevante Informationen gelenkt und andere Messgrößen werden nur bei akutem Handlungsbedarf an das Management berichtet. Die Berichte der BSC enthalten Kennzahlen, die sich gegenseitig ergänzen, so dass ein umfassendes Bild der Strategie dargestellt wird.[95] Die Neuausrichtung des Berichtswesens auf Basis der BSC sollte deshalb steuerungsrelevante Informationen in einem angemessenen Detaillierungsgrad zur richtigen Zeit in verständlicher Form bereitstellen. Die einfache attraktive, Darstellung der Informationen ist eine wesentliche Voraussetzung für eine langfristige Nutzung, weshalb Horváth & Partners empfehlen, das kundenorientierte Layout in der Bedeutung nicht niedriger als die Inhalte der Berichte einzustufen. Es werden zwei unterschiedliche Berichte vorgeschlagen, in denen die Basiswerte und die daraus resultierenden Zielwerte und Etappen der Strategieumsetzung dargestellt werden. In diesem Bericht, der als wesentliche Grundlage zur einheitlichen Kommunikation der Strategie dient und nur bei der jährlich anfallenden Aktualisierung der BSC angepasst werden sollte, werden Aussagen über die zugrundeliegenden Prämissen und Definitionen der Strategie getroffen. Der zweite Bericht stellt das für eine Integration in eine BI-Applikation wichtige Reporting zum Stand der Strategieumsetzung dar. Der Report, welcher nach Erfahrungen von Horváth & Partners quartalsweise erstellt wird, sollte die strategischen Ziele im Ursache-Wirkungskontext anzeigen und diese mit Status, Trend und Kommentierung abbilden. Die Messgrößen sollten Basis-, Ziel- und Ist-Wert, Zielerreichung und Trend anzeigen sowie sollte es einen Überblick über den aktuellen Status der Maßnahmen, eine Kennzeichnungen der kritischen Kennzahlen und eine Dokumentationen der vorgesehenen Gegensteuerungsaktionen geben.[96]

---

[93] Vgl.: Horváth & Partners: Balanced Scorecard umsetzen, S. 289ff. .
[94] Vgl.: Horváth & Partners: Balanced Scorecard umsetzen, S. 322f
[95] Vgl.: Horváth & Partners: Balanced Scorecard umsetzen, S. 324ff. .
[96] Vgl.: Horváth & Partners: Balanced Scorecard umsetzen, S. 330ff. .

3 Integration in Business Intelligence

Nach Töpfer spielt die angemessene Anpassung bzw. Weiterentwicklung des IT-Systems, welche eine erhebliche Beeinflussung der Effizienz und der Effektivität zur Folge hat, eine entscheidende Rolle für den erfolgreichen Einsatz der BSC. Hohe Analysegeschwindigkeit, um frühzeitig eingreifen und lernen zu können, sowie umfassende, korrekte und schnelle Informationen sind die Grundvoraussetzungen für die Steuer- und Lernfähigkeit einer BSC. Der Einsatz eines geeigneten IT-Systems scheint daher unabdingbar und ein lediglich dokumentierendes ist zu einem analytischen/ entscheidungsorientierten System umzubauen.[97] Die Integration der BSC in eine BI-Applikation soll nach Horváth & Partners die Kaskadierung der BSC für mehrere Unternehmensebenen ermöglichen, diese verwalten sowie die Aufbereitung und Bereitstellung von Daten aus den unterschiedlichen betrieblichen Systemen für Analysezwecke sicherstellen.[98]

Die professionelle IT-Unterstützung läuft jedoch nach Oehler wie in Abb. 4 dargestellt, dem fachlichen Interesse hinterher.

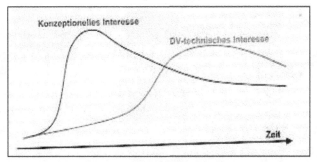

Abbildung 4: Zusammenhang zwischen konzeptionellen und DV-technischen Interesse.
Vgl.: K. Oehler: Corporate Performance Management, S. 227

Begründet wird dies damit, dass im ersten Schritt in der Regel wenige Bereichsscorecards implementiert werden, welche an die Modellierung und Da-

---

[97] Vgl.: A. Töpfer: Das Management der Wertetreiber, S. 349.
[98] Vgl.: Horváth & Partners: Balanced Scorecard umsetzen, S. 336.

tenhaltung geringe Anforderung stellen[99] und ein geringes Investitionsrisiko bedeuten.[100] Viele Unternehmen beginnen deshalb zunächst mit einer halbautomatisierten Lösung wie einer Tabellenkalkulation oder einer PC Datenbank, welche die Grundanforderungen abdecken, so dass erste Erfahrungen bei den Anwendern gewonnen werden können.

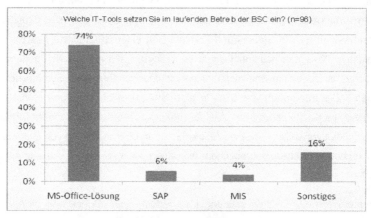

Abbildung 5: Eingesetzten IT-Tools für die BSC.
Vgl.: Horváth & Partners: Balanced Scorecard umsetzen, S. 339

Nach der ersten Einführung der BSC erfolgt dann ein Herunterbrechen auf zahlreiche Organisationseinheiten, so dass die IT-Unterstützung wesentlich an Bedeutung gewinnt. In der ersten Phase der BSC werden häufig nur Kennzahlen verwendet, die bereits im bestehenden Berichtswesen hinterlegt sind, und erst in den späteren Phasen werden zunehmend Größen einbezogen, die noch nicht unmittelbar verfügbar sind, so dass die Schnittstellenproblematik an Bedeutung gewinnt.[101]

---

[99] Vgl.: K. Oehler: Corporate Performance Management, S. 227.
[100] Vgl.: Horváth & Partners: Balanced Scorecard umsetzen, S. 336.
[101] Vgl.: K. Oehler: Corporate Performance Management, S. 227, 382.

3.1 Business Intelligence

Da in der Literatur viele unterschiedliche Definitionen zu BI zu finden sind, wird im Folgenden die Entstehung des Begriffes erläutert und anschließend werden verschiedene Definitionen hierzu wiedergegeben.

Bereits in den 60er Jahren des 20. Jahrhunderts gab es etliche gescheiterte Versuche, Informationssysteme zur Unterstützung von Führungskräften einzusetzen. In den 80er Jahren wurden dann aufgabenorientierte Einzelsysteme, die erfolgreich im Management eingesetzt werden konnten, unter den Sammelbegriffen Management Support System (MSS), Managementunterstützungssysteme (MUS) oder auch Execute Information System (EIS) bekannt. Schon damals wurde deutlich, dass die Unterstützung des Managements sich nicht auf den isolierten Einsatz von Computern beschränken kann, sondern dass das gesamte Umfeld der Informations- und Kommunikationstechnologie einbezogen werden muss. Erst Anfang der 90er Jahre als Anbieter in diesem Markt einen Erfolg mit Ansätzen wie Data-Warehouse (DW), Online-Analytical-Processing (OLAP) und Data Mining erzielten, entwickelte sich die Begrifflichkeit des Business Intelligence. Sie stammt primär aus den Überlegungen der Gartner Group aus dem Jahre 1996.[102,103]

> "Data analysis, reporting, and query tools can help business users wade through a sea of data to synthesize valuable information from it – today these tools collectively fall into a category called **'Business Intelligence'**."[104]

Grothe und Gentsch verstehen unter BI den analytischen Prozess, in dem Unternehmens- und Wettbewerbsdaten in handlungsgerichtetes Wissen über die Fähigkeiten, Positionen, Handlungen und Ziele der betrachteten internen oder externen Handlungsfelder transformiert werden. Sie strukturieren den BI-Prozess in die Phasen der **Bereitstellung** quantitativer und qualitativer, strukturierter oder unstrukturierter Daten, der **Entdeckung** relevanter Zusam-

---

[102] Vgl.: H.-G. Kemper, W. Mehanna, C. Unger: Business Intelligence, S. 1f
[103] Vgl.: P. Chamoni; P. Gluchowski: Analytische Informationssysteme, S. 6ff. .
[104] H.-G. Kemper, W. Mehanna, C. Unger: Business Intelligence, S. 2.

menhänge, Muster und Musterbrüche und der **Kommunikation** der Erkenntnisse und Integration in das Wissensmanagement.[105]

Nach Schinzer, Bange und Mertens setzt sich ein EIS aus Werkzeugen zur Selektion und Speicherung entscheidungsrelevanter Informationen (DW) sowie zur entscheidungsorientierten Modellierung (OLAP) zusammen. Die Analyse und Präsentation der Daten erfolgt mit Hilfe von BI-Tools und wird durch Werkzeuge der Informationsselektion und Analyse (Data-Mining) ergänzt. BI konzentriert sich lediglich auf die entscheidungsorientierte Analyse der in einem DW vorgehaltenen Informationen.[106]

Oehler definiert BI als einen „Sammelbegriff unterschiedlicher Ansätze zur Analyse und zum Verständnis von Geschäftsprozessen als eine spezifische neue Ausrichtung".[107] Es umfasst die Gesamtheit aller Werkzeuge und Anwendungen mit entscheidungsunterstützendem Charakter und versucht, eine Vielzahl unterschiedlicher Ansätze zur Analyse geschäftsrelevanter Daten zu bündeln.[108]

Kemper, Mehanna und Unger unterteilen den Begriff des BI in folgende drei Kategorien:

- enges BI-Verständnis:

dies umfasst lediglich wenige Kernapplikationen wie OLAP und MIS bzw. EIS, die die Entscheidungsfindung unmittelbar unterstützen.

- analyseorientiertes BI-Verständnis:

dies umfasst sämtliche Anwendungen, bei denen der Anwender direkt mit dem System arbeitet und so unmittelbaren Zugriff auf die Benutzeroberfläche mit interaktiven Funktionen, wie OLAP, MIS/EIS, Text Mining, Data Mining, Ad-hoc-Reporting, Planung und Konsolidierung, hat.

---

[105] Vgl.: M.Grothe, P. Gentsch: Business Intelligence, S. 19f
[106] Vgl.: H. Schinzer; C. Bange; H. Mertens: Data Warehouse und Data Mining, S. 1ff, 26f
[107] K. Oehler: Corporate Performance Management, S. 33.
[108] Vgl.: K. Oehler: Corporate Performance Management, S. 33.

- weites BI-Verständnis:

dies umfasst alle direkten und indirekten für die Entscheidungsunterstützung eingesetzten Anwendungen, was neben der Auswertung und Präsentations-funktionalität auch die Datenaufbereitung und –speicherung beinhaltet.[109]

Der in dieser Arbeit verwendete Begriff der BI ist an die Definition von Kemper, Mehanna und Unger zum **„analyseorientierten BI-Verständnis"** angelehnt, da das „enge BI-Verständnis" wesentliche Aspekte einer BSC, wie den Zusammenhang zwischen einer Kennzahl und dem verfolgten Ziel, sowie die für eine BSC-Integration notwenigen Werkzeuge zur Informationsselektion und Analyse, wie Data Mining, ausschließt und die in dem „weiten BI-Verständnis" beinhaltete Datenspeicherung in dieser Arbeit nicht behandelt wird.

3.2 Input

Die Möglichkeit und Qualität der Steuerung eines Unternehmens mit der BSC ist stark von den darin enthaltenen Daten abhängig. Zum einen müssen die für bestimmte Steuerungsbereiche adäquaten Daten ermittelt werden und zum anderen ist es wichtig, diese Daten in der geforderten Detailliertheit und Präzision zur Verfügung zu haben.[110] Bevor das nachstehende Kapitel die Datenbeschaffung erörtert, wird im folgenden Kapitel beispielhaft jeweils ein typisches strategisches Ziel aus Kapitel 2.3 aufgegriffen und operationalisiert.

3.2.1 Messgrößen

Nach Oehler benötigt eine BSC nicht strukturierte (qualitative) und strukturierte (quantitative) Daten. Dadurch entsteht bei der Überlegung, welche Kennzahlen die strategischen Ziele am besten repräsentieren, häufig das Problem, dass in den eher „weichen" Bereichen wie Mitarbeiter oder Kunden ein Großteil der benötigten Daten nicht verfügbar ist und die strategischen Ziele deshalb nicht ausreichend durch Messgrößen fundiert werden können. Orientiert sich das

---

[109] Vgl.: H.-G. Kemper, W. Mehanna, C. Unger: Business Intelligence, S. 3f

Unternehmen hingegen bei der Implementierung zu stark an denen von den vorhandenen IT-Systemen bereitgestellten Kennzahlen, führt dies häufig dazu, dass das strategische Potenzial der BSC nicht ausreichend genutzt wird.[111] Nach Töpfer soll deshalb ein qualitatives Ziel indirekt über Indikatoren, für die eine direkt quantifizierbare Messgröße zu bestimmen ist, gemessen werden. Er definiert dementsprechend einen Indikator als ein quantitatives messbares Zielkriterium, das dazu dient, ein anderes, nur qualitativ messbares strategische Ziel in seinen Auswirkungen möglichst gut und genau abzubilden und es so messbar zu machen.[112]

Das quantitative Ziel Unternehmensergebnis steigern ist, unmittelbar und einfacher ohne Indikatoren messbar.[113,114]

Perspektive	Strategisches Ziel	Messgröße
Finanzperspektive	Unternehmensergebnis steigern	DuPont-Kennzahlensystem
		Umsatzwachstum
		Gesamtkapitalrentabilität
		Cashflow-Kennzahlen

Die Kundenzufriedenheit kann anhand objektiver Indikatoren wie Kundenbeschwerden oder subjektiver Größen wie Zufriedenheitsgrad als individuelle Einschätzung erhoben werden.[115]

Perspektive	Strategisches Ziel	Messgröße
Kundenperspektive	Kundenzufriedenheit steigern	Anzahl der Kundenbeschwerden
		Kundenzufriedenheitsindex

---

[110] Vgl.: A. Töpfer: Das Management der Wertetreiber, S. 124.
[111] Vgl.: K. Oehler: Corporate Performance Management, S. 231, 251f
[112] Vgl.: A. Töpfer: Das Management der Wertetreiber, S. 129f
[113] Vgl.: B. Morganski: Balanced Scorecard. Auf dem Weg zum Klassiker, S. 89ff. .
[114] Vgl.: A. Töpfer: Das Management der Wertetreiber, S. 129.

Um die Effektivität der Produktion zu messen, reichen, da diese Prozesse tendenziell repetitiv sind, zur Überprüfung diagnostische Steuerungssysteme.[116]

Perspektive	Strategisches Ziel	Messgröße
Prozessperspektive	Effektivität der Produktion verbessern	Effektivität des Fertigungszyklus
		Durchlaufzeit
		Part-per-million-Fehlerquote
		First-Pass-Yields
		Non-Value-Added-Activities
		Fertigungstiefe
		Fertigungsflexibilität

Die Mitarbeiterzufriedenheit kann, ähnlich wie die Kundenzufriedenheit, anhand objektiver Indikatoren wie Fluktuation der Mitarbeiter oder subjektiver Größen wie Zufriedenheitsindex als individuelle Einschätzung erhoben werden.[117,118]

Perspektive	Strategisches Ziel	Messgröße
Lern- und Entwicklungsperspektive	Mitarbeiterzufriedenheit steigern	Fluktuation
		Zufriedenheitsindex

3.2.2 Datenbeschaffung

Nach Erstellung der strategischen Ziele und Ableitung dazugehörigen Kennzahlen stellt sich erfahrungsgemäß nach Kaplan und Norton heraus, dass für mindestens 20% der Kennzahlen der BSC keine Daten vorhanden sind.[119] In Zusammenhang mit der Integration der BSC in eine BI-Applikation sollte das IT-System, da ein manuelles Zusammentragen der notwendigen Daten zu auf-

---

[115] Vgl.: W. Gladen: Kennzahlen- und Berichtssysteme, S. 16.
[116] Vgl.: W. Gladen: Kennzahlen- und Berichtssysteme, S. 190.
[117] Vgl.: A. Töpfer: Das Management der Wertetreiber, S. 129.
[118] Vgl.: W. Gladen: Kennzahlen- und Berichtssysteme, S. 199.

wändig wäre, diese automatisch beschaffen können.[120] Horváth & Partners erläutern, dass die Zusammenstellung der notwendigen Daten und Kennzahlen für eine BSC enorm wichtig ist und da die Messgrößen aufgrund ihrer Eignung für die strategischen Ziele ausgewählt werden, orientieren sie sich meistens nicht an der vorhandenen IT-Landschaft und stammen deswegen aus diversen Systemen.[121] Oehler ergänzt, da der Informationsbedarf einer BSC aus quantitativem Blickwinkel nicht hoch sei, folglich Probleme mit dem Datenvolumen nicht zu erwarten seien und sieht ebenfalls, mit der Begründung, dass Kennzahlen aus sehr unterschiedlichen Bereichen benötigt würden, in der Datenbeschaffung eine wichtige Herausforderung für eine umfassende Integration einer BSC in eine BI-Applikation.[122] Töpfer erläutert, dass gerade in der ersten Phase der Integration das generell anzutreffende Problem der eingeschränkten Verfügbarkeit und Qualität der Daten auftritt und begründet dies ebenfalls damit, dass die Datenbasis sich aus dem operativen ERP-System und aus externen Quellen zusammensetzt.[123] Im Folgenden werden die aus dem vorangegangenen Kapitel ausgewählten Kennzahlen auf die Beschaffung hin überprüft und dabei Lösungsvorschläge verschiedener Autoren aufgezeigt:

Die in der Finanzperspektive benötigten Messgrößen

DuPont-Kennzahlensystem
Umsatzwachstum
Gesamtkapitalrentabilität
Cashflow-Kennzahlen

---

[119] Vgl.: R. S. Kaplan; D. P. Norton: Balanced Scorecard, S. 223f
[120] Vgl.: B. Morganski: Balanced Scorecard. Auf dem Weg zum Klassiker, S. 174.
[121] Vgl.: Horváth & Partners: Balanced Scorecard umsetzen, S. 324.
[122] Vgl.: K. Oehler: Corporate Performance Management, S. 251f
[123] Vgl.: A. Töpfer: Das Management der Wertetreiber, S. 129, 358.

sowie die Messgrößen der Prozessperspektive

Effektivität des Fertigungszyklus
Durchlaufzeit
Part-per-million-Fehlerquote
First-Pass-Yields
Non-Value-Added-Activities
Fertigungstiefe
Fertigungsflexibilität

stehen vielen Unternehmen bereits im integrierten Berichtswesen zur Verfügung. Eine aktuelle und kontinuierliche Aufbereitung und Bereitstellung der erforderlichen Daten für eine BI-Applikation kann für diese Kennzahlen durch Zurückgreifen auf verschiedene, oft bereits vorhandene Berichtswesen ermöglicht werden. Morganski fordert, wenn mehre alternative Systeme auf unterschiedlichen Plattformen (hier: Kosten- Leistungsrechnung bzw. Produktionsplanung) im Unternehmen eingesetzt werden, die vorhandenen Daten in einer Schnittstelle so aufzubereiten, dass die benötigten Kennzahlen im richtigen Format eingestellt werden können.[124] Töpfer sieht als Antwort hierauf ein DW-Konzept, welches alle relevanten internen und externen Daten bereitstellt, als zweckmäßig.[125] Oehler betont ebenfalls die Lösung eines DW-Konzeptes, welches die Daten aus unterschiedlichen Systemen denormalisiert, bereinigt und auswertungsgerecht aufbereitet. Er merkt zusätzlich aber an, da das Erstellen eines DW eine langwierige Angelegenheit darstellt, es sorgfältig abgewogen werden sollte, ob ausschließlich für die BSC ein DW eingerichtet werden soll und empfiehlt deswegen den Ansatz eines Data Mart. Dieses konzentriert sich auf einen Ausschnitt der Daten und nimmt Informationslücken in Kauf. Die BSC wird in diesem Zusammenhang als eigenständiges Data Mart gesehen.[126]

---

[124] Vgl.: B. Morganski: Balanced Scorecard. Auf dem Weg zum Klassiker, S. 181.
[125] Vgl.: A. Töpfer: Das Management der Wertetreiber, S. 363.
[126] Vgl.: K. Oehler: Corporate Performance Management, S. 251.

Die Messgrößen der Kunden-, Lern- und Entwicklungsperspektive lassen sich zum einen wie

Anzahl der Kundenbeschwerden

oder die

Fluktuation

ähnlich wie die Kennzahlen der Finanzperspektive aus dem internen Berichtswesen automatisch beschaffen und können ohne Probleme in eine BI-Applikation integriert werden. Die qualitativen Kennzahlen dagegen, wie der

Kundenzufriedenheitsindex

oder der

Zufriedenheitsindex,

gehören zu den schwer ermittelnden weichen Messgrößen, die in repräsentative und zeitlich regelmäßigen Umfragen anhand eines Fragebogens erhoben werden müssen.[127] Die Daten müssen dementsprechend manuell beschafft und in das IT-System eingegeben werden. Kemper, Mehanna und Unger räumen ein, dass im Idealfall die benötigten Daten über ein Data Mart bezogen werden. Da die BSC aber auch qualitative Ziele enthält, muss es folglich die Möglichkeit geben, manuell Werte einzugeben.[128] Nach Horváth & Partners sollen die Daten ebenfalls weitgehend automatisch übernommen werden und lediglich wo eine automatische Datenschnittstelle technisch oder wirtschaftlich nicht möglich ist, sollen diese in Einzelfällen manuell aufbereitet und ergänzt werden. Als Beispiel wird die Kundenzufriedenheit genannt.[129]

Zusammenfassend müssen trotz das es mittlerweile leistungsstarke BSC- Applikationen gibt, welche die Datenübernahme anhand von DW-Konzepten aller in

---

[127] Vgl.: W. Gladen: Kennzahlen- und Berichtssysteme, S. 184.
   H. R. Friedag; W. Schmidt: Balanced Scorecard, S. 163f
[128] Vgl.: H.-G. Kemper, W. Mehanna, C. Unger: Business Intelligence, S. 119.
[129] Vgl.: Horváth & Partners: Balanced Scorecard umsetzen, S. 324.

anderen Systemen bereitgestellten strukturierten Daten ermöglicht und damit systemübergreifende Datenkonsistenz sicherstellt, Messgrößen immer manuell erfasst werden. Speziell in der Kunden- sowie der Lern- und Entwicklungsperspektive existieren, da sie entweder nicht elektronisch verfügbar oder nur für bestimmte Geschäftsbereiche in separaten Anwendungen vorhanden sind, oft nur dezentral zu ermittelnde Daten.[130]

3.3 Output

Nach Grothe und Gentsch stößt jedes Integrationsprojekt auf die Frage nach der Abbildung der Kennzahlen. Sie ergänzen, dass die Akzeptanz der BSC in einem Unternehmen wesentlich durch die Qualität dieser Abbildung bestimmt wird.[131] Da, wie vorangegangen erörtert, die BSC quantitative und qualitative Informationen erlaubt, muss geprüft werden, mit welchen analytischen Funktionen diese Daten ausgewertet und dargestellt werden können. Nachfolgend werden erst Möglichkeiten der Abbildung aufgezeigt, um anschließend im Rahmen der Datenaufbereitung Analysemethoden zu erörtern. Da die Validierung, Entwicklung und Abbildung einer Ursache-Wirkungsbeziehung besondere Anforderungen an eine BI-Applikation darstellt, wird diese in dem abschließenden Teil des Kapitels untersucht.

3.3.1 Datendarstellung

Als Werkzeug zur Umsetzung strategischer Ziele muss die BSC in ein bestehendes komplexes Umfeld integriert werden. Der Fokus hierbei liegt, wie auch der Schwerpunkt von BI-Applikationen, auf der Definition und Analyse der Messgrößen. Unter anderem werden Tabellenkalkulationen, OLAP-Anwendungen, Berichtsgeneratoren und dedizierte BSC-Werkzeuge zur Unterstützung eingesetzt.[132] Doch bloßes Zusammenfassen, Verdichten und Darstellen von Daten greift zu kurz und würde laut Oehler dem umfassenden Charakter der BSC

---

[130] Vgl.: Horváth & Partners: Balanced Scorecard umsetzen, S. 332f
[131] Vgl.: M. Grothe; P. Gentsch: Business Intelligence, S. 145f
[132] Vgl.: K. Oehler: Corporate Performance Management, S. 228, 232.

nicht genügen. Die Grundlagen eines modernen analytischen, entscheidungs-orientierten Systems sieht er in einem interfunktionellen ERP-System mit DW, OLAP und Data Mining. Bei einer Integration sollte die BI-Applikation in der Lage sein, diese Konzepte zu nutzen. Des Weiteren sollte es möglich sein, komplexe Ursache-Wirkungsketten abzubilden sowie beim Erkennen dieser mitzuwirken, um durch zukunftsbezogene Prognosemöglichkeiten fundierte Entscheidungen treffen zu können.[133]

Morganski fordert, dass bei einer in BI integrierten BSC die Applikation Auskunft darüber geben muss, was mit den einzelnen strategischen Zielen gemeint und gewollt ist, wie sich die Messgrößen zusammensetzen, welche strategischen Aktionen warum ergriffen werden und wie der Stand der Umsetzung ist. Um die Navigation einfach zu halten, sollten die Detaildaten mit den nötigen Hinter-grundinformationen durch Anklicken geöffnet werden sowie die relevanten Daten online zur Verfügung stehen. Die übersichtliche Auswertung und graphische Aufbereitung muss gewährleistet sein sowie müssen gegenseitige Korrelationen von Zielen übersichtlich dargestellt werden können. Als eine jederzeit einsetz-bare Auswertungsmöglichkeit nennt er die Tabellenkalkulation MS-Excel.[134] Nach Töpfer umfassen integrierte BSC-Lösungen insbesondere Drill-down und Roll-up Funktionen, welche eine eingehende Ursachen-Analyse in tiefgehenden Schichten ermöglicht oder die Verdichtung von Messgrößen zu Wirkungen be-schreibt. Oehler schlägt eine Maske vor, die konventionelle Berichtsinhalte mit den Kenngrößen der BSC kombiniert darstellt. Außerdem sollen bei der regel-mäßigen Beurteilung des Standes der Umsetzung von Maßnahmen Kommen-tare sowie Einschätzungen hinterlegt werden können, wobei zum Teil aktuelle Projekte hinter den Maßnahmen stehen. Kritische Ausprägungen von Kenn-zahlen werden durch Traffic-Lightning abgebildet werden.[135]

3.3.2 Datenaufbereitung

Ein wesentliches Merkmal analytischer Systeme ist die Mehrdimensionalität von Informationsstrukturen, welche unterschiedliche Auswertungsrichtungen von

---

[133] Vgl.: K. Oehler: Corporate Performance Management, S. 378.
[134] Vgl.: B. Morganski: Balanced Scorecard, S. 173f

Informationsobjekten kennzeichnen. Von Oehler wird die Art der Umsetzung kontovers diskutiert, da bei der geringen Anzahl von Dimensionen eine Umsetzung mit konventioneller Technologie durchaus effizienter sein kann. Später erklärt er, dass im Rahmen der Analyse bestehender Abweichungen jedoch ein umfassender Informationsbedarf benötigt wird und schlägt ein auf OLAP-Würfeln basierendes modulares Konzept vor, da grundsätzlich jede Messgröße eine eigenständige Ausprägung der Dimensionalität hat, was zu einer komplexen und umfangreichen Modellierung führt, welche häufig Änderungen unterworfen ist. Dieses Konzept wird im Folgenden kurz vorgestellt.

Danach bleibt die BSC selbst relativ schlank und enthält ausschließlich die erläuterten Basisdimensionen. Ein weiteres Aufbrechen wird durch eine logische Verbindung geschaffen, wobei Basisanwendung und BSC-Applikation ausschließlich über definierte Schnittstellen miteinander verknüpft sind, so dass sich Änderungen in der Basisstruktur nur dann auf die BSC auswirken, wenn die Schnittstelle betroffen ist.[136]

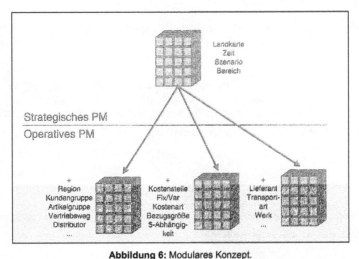

Abbildung 6: Modulares Konzept.
Vgl.: K. Oehler: Corporate Performance Management, S. 245

[135] Vgl.: K. Oehler: Corporate Performance Management, S. 259, 261.
[136] Vgl.: K. Oehler: Corporate Performance Management, S. 244f

Grothe und Gentsch beschreiben, dass die Darstellungs- und Analysestruktur einer BSC mehrdimensional ist, da quantitative und qualitative Kennzahlen im Zeitablauf zu beobachten sind, welche dann über Monate, Quartale oder Jahre verdichtet werden.[137] Oehler beschreibt, das Maßgrößen gegenüber den eigentlichen interessierenden Zielen häufig in einer Repräsentationsbeziehung stehen, wobei dieser Zusammenhang meistens nur definitorischer Natur ist, so dass eine für sich allein genommene Interpretation einer einzelnen Kenngröße zu Fehlinterpretationen führen kann und deswegen weitere Informationen für eine Messgröße sinnvoll sind. Wenn bei einer Messgröße Differenzierungen nach verschiedenen Attributen oder zeitliche Verlaufsmuster interessieren, kann z.B. die Kennzahl Umsatzwachstum nach Kunden, Regionen, Produkten etc. differenziert werden. Aus dem kartesischen Produkt aller möglichen Ausprägungen der erwähnten Dimensionen kann so ein mehrdimensionaler Raum gebildet werden.[138] Ein solches Würfelmodell kann nach Grothe und Gentsch mit Hilfe der OLAP-Methode erstellt werden, wodurch die Möglichkeit der interaktiven Analyse auch bei einer großen Anwenderzahl innerhalb eines gemeinsamen und transparenten Datenbestandes besteht.[139]

Nach folgenden Dimensionen können die Kennzahlen der BSC definiert werden:

Messgrößendimension

Sie beschreibt, welche die eigentliche Kenngröße ist. Die Perspektiven stellen innerhalb dieser Dimension Gruppierungen dar.

Zeit-Dimension

Sie beschreibt die Häufigkeit und den Zeitpunkt, für den Messgrößenwerte erfasst werden. Dies wird in der Regel für jede Messgröße einzeln festgelegt.

---

[137] Vgl.: M. Grothe; P. Gentsch: Business Intelligence, S. 146.
[138] Vgl.: K. Oehler: Corporate Performance Management, S. 244.
[139] Vgl.: M. Grothe; P. Gentsch: Business Intelligence, S. 146.

Szenario-Dimension

Sie beschreibt die Datenart und nimmt die Elemente der Wertstände „Ist", „Plan", „Abweichung", „Gewichtung" usw. auf.

Organisationseinheiten

Sie beschreibt die Organisationsstruktur und –einheiten, für die einzelnen BSC angelegt werden. [140][141].

Es stellt sich nun die Frage, welche OLAP-Methode sich für eine BSC am besten eignet. Vor diesem Hintergrund wird im Folgenden auf multidimensionales-OLAP (M-OLAP) und relationales-OLAP (R-OLAP) eingegangen.

Für eine BSC ist die R-OLAP Methode nach Oehler kaum von Bedeutung. Sie ermöglicht zwar die Abspeicherung von Massendaten, was für die Modellierung nicht relevant ist, da die BSC in der Regel ausgewählte, hoch aggregierte Daten benötigt. Der große Nachteil dieser Methode ist aber, dass meist nicht schreibend zugegriffen werden darf, obwohl die BSC diese Funktion dringend benötigt. Aufgrund dieser Tatsache wird die Umsetzung mit der real time M-OLAP Methode empfohlen, da hier die Möglichkeit des Schreibzugriffs gegeben ist, wodurch nach Eingabe der Daten alle abhängigen Aggregationen und Berechnungen neu ausgewertet werden.[142]

3.4 Integration der Ursache-Wirkungsbeziehungen

Für die Kommunikation im Unternehmen ist nach Töpfer die graphische Verdeutlichung von Ursache-Wirkungsbeziehungen sinnvoll, damit der Benutzer in Problemfällen verursachende Steuerungsgrößen erkennen kann und so sieht, auf welchen Gebieten Handlungsbedarf besteht.[143] Oehler sieht die Schwierigkeit darin, dass die bestehenden Hypothesen hinter den Ursache-Wirkungsbeziehungen in der Regel nicht genau geprüft werden können. So

---

[140] Vgl.: K. Oehler: Corporate Performance Management, S. 244.
[141] Vgl.: M. Grothe; P. Gentsch: Business Intelligence, S. 146.
[142] Vgl.: K. Oehler.: OLAP Grundlagen, S. 267f

besteht z.B. zwischen Kundenzufriedenheit und Umsatz ein Zusammenhang, dessen Stärke sich nur schwer bestimmen lässt. Die Möglichkeit der Simulation wird in diesem Zusammenhang eher skeptisch beurteilt, da auf sehr aggregierten Ebenen modelliert wird und mathematisch genau beschreibbare Zusammenhänge die Ausnahme sind.[144] In vorher vorgestellten Werkzeugen steuert der Analytiker anhand eines klassischen   Query-Prozesses auf Basis operativer Datenbestände die Abfrage vollständig, indem er die Berichtszeiträume festlegt, die zu untersuchenden Messgrößen auswählt und die Berichte formatiert.[145] Der für die Ursache-Wirkungsbeziehung nötige kreative Prozess des Suchens der wesentlichen Größen kann ebenfalls softwaretechnisch unterstützt werden. Es wird in diesem Zusammenhang eine Matrix vorgestellt, bei der die Zielgrößen manuell in Zeilen und Spalten als wirkende bzw. auf sich wirkende Größen in positiven oder negativen Werten eingetragen werden und aus dem Absolutwert der Zeilen bzw. der Spalten sich die Stärke des Zusammenhangs zwischen den Messgrößen ergibt.[146] Alternativ hierzu werden auch Data-Mining-Verfahren angewendet. Hierbei werden allgemeine Entscheidungsregeln hinterlegt, die dann auf größere Datenbestände angewendet werden. Anhand von Data-Mining-Verfahren können die erarbeiteten Ursache-Wirkungs-Hypothesen zum einen auf der Basis der erfassten BSC-Daten, validiert werden oder Ursache-Wirkungs-Hypothesen entwickeln, so dass dem Anwender Messgrößen herausgegeben werden, die am stärksten miteinander korrelieren. In der Regel wird bei der Analyse eher pragmatisch vorgegangen. Man stellt die entsprechenden Zusammenhänge in Grafiken oder Zahlenreihen einfach gegenüber. Statistische Kenngrößen wie Korrelationskoeffizient unterstützen hierbei die Analyse.[147]

Horváth & Partners kritisieren, um stabile, nachweisbare Korrelationen dieser Kausalmodelle nachweisen zu können, müsse es mehrjährige Zeitreihen von Daten geben. Da aber viele Messgrößen, wie vorher aufgeführt, zum ersten Mal verwendet werden, existieren folglich die benötigten Zeitreihen nicht.[148] Schö-

---

[143] Vgl.: A. Töpfer: Das Management der Wertetreiber, S. 364.
[144] Vgl.: K. Oehler: Corporate Performance Management, S. 249.
[145] Vgl.: K. Oehler: Corporate Performance Management, S. 250.
[146] Vgl.: K. Oehler: Corporate Performance Management, S. 238.
[147] Vgl.: K. Oehler: Corporate Performance Management, S. 250.
[148] Vgl.: Horváth & Partners: Balanced Scorecard umsetzen, S. 56.

neborn ergänzt, obwohl die Entwicklung von Ursache-Wirkungsbeziehungen als wesentliche Voraussetzung zu erfolgreichem Aufbau der BSC gesehen werden, seien keine Hinweise bezüglich der Generierung von dynamischen Kausalbeziehungen zu finden. [149]

---

[149] Vgl.: F. Schöneborn: Strategisches Controlling mit System Dynamices, S. 48.

Fazit

Die BSC ist ein sehr mächtiges Instrument für die Strategieumsetzung. Es ist nicht nur ein Kennzahlensystem sondern auch ein Managementtool, welches ein Unternehmen befähigt die Strategie bis auf die unteren Ebenen abzubilden. Ferner erhält eine Organisation durch die BSC strategisches Feedback und kann somit ihre Maßnahmen den neuen Umständen anpassen. Die Analyse der kritischen Geschäftsprozesse und deren Anbindung über die Scorecard an die Strategie- und Zielsetzung ist von entscheidender Bedeutung für den Erfolg der BSC. Für einen möglichst umfassenden Einsatz der BSC ist ein Informationssystem erforderlich. Für manches Unternehmen ist der Wunsch, die BSC mit einer adäquaten Informationstechnik zu implementieren, der Anlass für eine Modernisierung des gesamten Informationssystems.[150] Für die erstmalige Einführung bietet eine kleine Lösung auf Basis von Office-Anwendungen wie z.B. MS-Excel einen durchaus sinnvollen Einstieg. In der Datenaufbereitung können insbesondere Systeme wie OLAP und Data Mining einen entscheidenden Beitrag dazu leisten zukunftsbezogene Prognosemöglichkeiten auf Grundlage fundierter Informationen zu treffen. Bei einer großen Lösung ist vor allem das effiziente Einholen der Messgrößen ein großes Problem. Wie in der Arbeit beschrieben, sind die erforderlichen Daten für eine BSC quantitativ nicht sehr umfangreich, stammen jedoch aus unterschiedlichen Quellen und sind nicht alle elektronisch verfügbar. Auf Dauer wäre es zu aufwendig, die für die BSC benötigten Daten manuell aus den verschiedenen Systemen in eins zusammenzufügen, so dass die Einrichtung eines DW, obwohl es sehr zeitaufwendig und kostspielig ist, für eine professionelle BI-Applikation empfohlen wird. Die Arbeit hat aber gezeigt, dass auch bei einer auf einem DW-Konzept basierenden BSC-Integration neben der automatischen Übernahme von Daten zusätzlich Messgrößen aus externen Quellen, wie z.B. der Kunden- oder Mitarbeiterbefragung, manuell integriert werden müssen, so dass demnach die perfekte Integration einer BSC in eine BI-Applikation eine nicht umzusetzende Idealvorstellung ist. Die von Töpfer beschriebene perfekte Verbindung von BSC und Informationssystem ist demnach nur eine Idealvorstellung.

---

[150] Vgl.: W. Gladen: Kennzahlen- und Berichtssysteme, S 266.

Eine realistische Lösung liegt demnach auf einem Kontinuum, wobei ein hoher Integrationsgrad zwar vorteilhaft ist, aber erheblichen finanziellen und zeitlichen Aufwand erfordert.

Literaturverzeichnis

A. Töpfer: Das Management der Wertetreiber. Frankfurter Allgemeine Zeitung, Verlagsbereich Buch, Frankfurt am Main, 2000.

B. Morganski: Balanced Scorecard. Auf dem Weg zum Klassiker. Vahlen Verlag, München 2001.

F. Schöneborn: Strategisches Controlling mit System Dynamices. Physica Verlag, Heidelberg 2004.

H.-G. Kemper, W. Mehanna, C. Unger: Business Intelligence; Grundlagen und praktische Anwendungen. Vieweg Verlag, Wiesbaden 2004.

H. R. Friedag; W. Schmidt: Balanced Scorecard. Mehr als ein Kennzahlensystem. R. Haufe Verlag, Freiburg, 2002.

H. Schinzer; C. Bange; H. Mertens: Data Warehouse und Data Mining. Marktführende Produkte im Vergleich. Vahlen Verlag, München 1999.

Horváth & Partners: Balanced Scorecard umsetzen. Schäffer Poeschel Verlag, Stuttgart 2007.

K. Oehler: Corporate Performance Management. Mit Business Intelligence Werkzeugen. Hanser Verlag, München 2006.

K. Oehler: OLAP Grundlagen, Modellierung und betriebswirtschaftliche Lösungen. Hanser Verlag, München 2000.

M. Grothe; P. Gentsch: Business Intelligence. Aus Informationen Wettbewerbsvorteile gewinnen. Addison-Wesley Verlag, München 2000.

P. Chamoni; P. Gluchowski: Analytische Informationssysteme, Business Intelligence-Technologien und –Anwendungen. Springer Verlag, Berlin, Heidelberg 2006.

R. S. Kaplan; D. P. Norton: Balanced Scorecard. Schäffer Poeschel Verlag, Stuttgart 1997.

W. Gladen: Kennzahlen- und Berichtssysteme. Grundlagen zum Performance Measurement. Gabler Verlag, Wiesbaden 2003.